RECIT ÉDIFIANT

DU MARTYRE D'UN JEUNE ARMENIEN CATHOLIQUE,

Décapité pour la Foi à Conſtantinople, le Samedi de la premiere ſemaine de Carême de l'année 1739;

DONNE' AU PUBLIC

Par M. D F** D* F****.*

A PARIS,

Chez MERIGOT, Quai des Auguſtins, à la deſcente du Pont S. Michel.
ET
CL. FR. SIMON, Fils, Imp. Libr. rue de la Parcheminerie.

M. DCC. XLI.

Avec Approbation & Permiſſion.

RECIT ÉDIFIANT DU MARTYRE D'UN JEUNE ARMENIEN CATHOLIQUE,

Décapité pour la Foi à Constantinople, le Samedi de la premiere semaine de Carême de l'année 1739.

IL n'est personne tant soit peu instruit des usages du Levant, qui ne sçache que malgré la tyrannie que les Turcs exercent dans les Pays qui sont sous la puissance Ottomane, il ne laisse pas d'y avoir toujours un grand nombre de familles Chrétiennes. A la vérité les Emirs, c'est-à-dire, les descendans de Mahomet, font tout leur poſſible pour faire des Renégats ; mais il faut avouer pourtant qu'ils ont moins recours à la violence qu'à la ruſe & à la ſupercherie. Malheur à ceux qui ſe laiſſent prendre aux appas trompeurs qu'ils leur préſentent! heureux neanmoins ceux qui, après s'y être pris, ont le courage d'expier leur crime dans leur propre ſang, comme a fait le jeune Chrétien dont j'ai deſſein de parler dans cet Ecrit! Dieu m'eſt témoin que le récit que je vais faire, eſt exactement conforme à la Relation que j'en ai reçuë de Conſtantinople il y a près de deux années, & que je n'ai differé de rendre publique que pour ne pas déſobliger un Frere qui, en me la communiquant, avoit exigé de moi ce petit ſacrifice, pour des raiſons que ſa mort précipitée n'a fait ceſſer malheureuſement que trop tôt.

Le ſecond Dimanche de Carême, un Evêque de ſes amis l'étant venu prendre, ils allerent enſemble trouver l'Archevêque de Conſtantinople, qui leur donna la commiſſion d'informer au ſujet d'un Armenien que les Turcs avoient fait mourir la veille. Ils ſe tranſporterent chez deux Evêques de cette nation, où tous les Papas & les plus anciens s'étoient aſſemblés. Voici ce qui leur fut atteſté avec ferment, & ſur quoi ils dreſſerent enſuite leur Procès verbal.

Un Armenien Catholique natif d'Angouri, & âgé de vingt-quatre ans, étoit attaché dans Pera, qui eſt un Fauxbourg de Conſtantinople, au Comptoir d'un Négociant Turc qui l'aimoit, malgré la différence des Religions. L'Armenien ſe ſentoit du défaut que l'on reproche à ſa Nation ; il aimoit le vin, & s'enyvroit ſouvent. Son Maître, après l'en avoir pluſieurs fois repris inutilement, voulut un jour lui donner ſon congé. Pour l'appaiſer, le jeune Chrétien lui promit, avec ſerment, qu'il ne boiroit plus, & en effet il tint ſa parole pendant quelques mois. Mais enfin d'autres Armeniens l'ayant pour lors débauché, il entra avec eux dans une Taverne, & y reſta dix jours & dix nuits, s'y dédommageant amplement de tout le tems qu'il avoit paſſé ſans boire. L'onziéme jour il retourna à la Boutique, dans l'état où l'on juge aiſément qu'il devoit être. Son Maître qui y étoit, le vit entrer. *Hé ! d'où venez-vous*, lui dit-il, *Iſaac ? Je ne m'appelle plus de ce nom*, répondit l'yvrogne ; *je ſuis Mehemet à votre ſervice.* Ce Turc étoit honnête homme. *Allez*, lui dit-il, *cuver votre vin ; je vous parlerai tantôt.* Un Emir qui paſſoit par hazard devant la Boutique, ayant entendu le diſcours du Turc, le gronda fort ſur ſon peu de zéle envers les Proſelites. Il s'approcha de l'Armenien, le prit par la main, & lui ayant mis ſon Turban ſur la tête, l'emmena en ſa maiſon, le fit mettre dans un lit, & l'y laiſſa dormir tant qu'il voulut. A ſon reveil le jeune homme cherchant ſon bonnet, ne trouva qu'un Turban. Il en demanda la raiſon : on la lui dit : il pleura ; mais ſes larmes n'étant pas de ſaiſon, il fallut conſentir à être circoncis. Il retourna enſuite à la Boutique, où ſon Maître l'attendoit pour le prier de n'y plus mettre le pied. Le pauvre garçon ſentit alors toute la honte de ſon action. Il courut de côté & d'autre, comme un inſenſé, l'eſpace de trois mois, cherchant cependant à s'embarquer pour la Chrétienté. N'en ayant pas trouvé l'occasion, il alla se présenter chez les Peres Jesuites, leur fit part de ce qui lui étoit arrivé, & demanda à se confesser, pour *aller après cela,* disoit-il, *laver sa faute dans son sang*. On eut beau lui remontrer qu'il tentoit Dieu; qu'il étoit plus à propos qu'il restât quelque tems caché, & qu'on travailleroit à le faire passer sûrement en France. Il ne voulut rien entendre; au contraire il dit qu'il avoit eu un songe qui l'empêchoit de douter du secours divin. Il se confessa derechef, & communia; puis il reparut dans son quartier avec un bonnet à l'Armenienne, ce qui est dans la personne d'un Renégat une marque de désertion. Son changement étant ainsi avéré, il fut arrêté sur l'heure & conduit au Divan. Il y entra le Chapelet à la main & en faiſant le ſigne de la Croix. Il y eut alors entre le Grand Viſir & lui, un Dialogue que l'on rapporte en ces termes.

LE GRAND VISIR.

Ne t'es-tu pas fait Turc ?

L'ARMENIEN.

J'étois yvre ; je ne ſçavois ce que je faiſois.

LE GRAND VISIR.

Pourquoi à ton réveil as-tu conſenti à être circoncis ?

L'ARMENIEN.

La crainte de la mort m'a arraché un conſentement que je n'aurois jamais donné ſans cela.

LE GRAND VISIR.

Tu ne la crains donc plus à présent?

L'ARMENIEN.

Non, puisque sans mourir je ne puis plus être Chrétien.

LE GRAND VISIR.

Crois-moi, mon enfant, tu as embrassé la meilleure Religion, conserve-la.

L'ARMENIEN.

Si c'est de la Chrétienne que vous parlez, vous avez raison; je la conserverai jusqu'à la mort.

LE GRAND VISIR.

Non, c'est du Musulmanisme; la Religion des Chrétiens étant celle des Infidéles.

L'ARMENIEN.

Vous vous trompez, c'est la vôtre qui est telle.

LE GRAND VISIR.

Reste Turc ; je te ferai mon Trésorier ; je te donnerai beaucoup d'argent; tu seras le chef de ma Maison.

L'ARMENIEN.

Avec de la fausse monnoye on court risque de faire mal ses affaires. Je suis, par la grace de Dieu, Chrétien Catholique Romain ; je n'accepte point vos offres, parce qu'avec cela je suis plus riche que vous.

LE GRAND VISIR.

Change vîte de langage, sinon ta sentence va être prononcée.

L'ARMENIEN.

C'est ce que j'attens : ma vie sera la

victime qui expiera ma faute, & mon ſang me rendra plus blanc que la neige.

La Sentence étoit conçûë de la ſorte.

Cet Infidéle ſera décapité pour avoir préféré la Religion des Infidéles à celle des vrais Croyans.

Après la lecture de cette Sentence, on le conduiſit à la Place publique. En y entrant, il jetta la vûë ſur ſon pere, ſur ſes freres & ſur ſes camarades, qui s'y étoient tous rendus. Au premier il demanda pardon du chagrin que lui avoit cauſé ſon intempérance & ſon changement de Religion, & fit aux autres une courte mais vive exhortation. Enſuite s'étant recommandé à la dévotion des uns & des autres & de tous les aſſiſtans, il ſe mit à genoux & fit ſa priere que le Bourreau interrompit.

Qui pries-tu ? lui dit-il.

L'ARMENIEN.

L'Auteur de ma vie.

LE BOURREAU.

Que lui demandes-tu ?

L'ARMENIEN.

Le pardon de mes péchés.

LE BOURREAU.

Dieu ne l'accorde que par Mahomet.

L'ARMENIEN.

Fais ton devoir.

LE BOURREAU.

Pour qui crois-tu mourir ?

L'ARMENIEN.

Pour l'honneur de ma Religion.

Le Bourreau.

Les Infidéles ſont ſans Religion.

l'Armenien.

Tu as raiſon ; mais les Chrétiens en ont une pour laquelle ils doivent plûtôt mourir mille fois que de la trahir auſſi indignement que j'ai fait.

Le Bourreau l'ayant encore tenté pluſieurs fois ſans pouvoir rien gagner ſur lui, lui coupa enfin la tête. Son corps reſta expoſé trois jours ; & le quatriéme, ſa Nation l'ayant racheté, le fit inhumer à la vûë de plus de trois mille Armeniens qui y étoient accourus par dévotion.

FIN.

APPROBATION.

J'Ai lû par ordre de Monseigneur le Chancelier, ce *Récit du Martyre d'un jeune Armenien*. En Sorbonne, le 2 Mars 1741.

DE LORME.

PRIVILEGE DU ROI.

LOUIS, par la grace de Dieu, Roi de France & de Navarre, à nos amés & féaux Conseillers les Gens tenans nos Cours de Parlement, Maître des Requêtes ordinaires de notre Hôtel, Grand-Conseil, Prevôt de Paris, Baillifs, Sénéchaux, leurs Lieutenans Civils & autres nos Justiciers qu'il appartiendra. SALUT. Notre bien amé le Sieur *** Nous ayant fait supplier de lui accorder nos Lettres de Permission pour l'impression d'un Manuscrit, qui a pour titre : *Récit édifiant du Martyre d'un jeune Arménien Catholique, décapité à Constantinople en* 1739, offrant pour cet effet de le faire imprimer en bon papier & beaux caracteres, suivant la feuille imprimée & attachée pour modele sous le contrescel des Présentes; Nous lui avons permis & permettons par ces Présentes de faire imprimer ledit Livre ci-dessus spécifié, conjointement ou séparément, & autant de fois que bon lui semblera, & de le faire vendre & débiter par tout notre Royaume pendant le tems de *trois* années consécutives, à compter du jour de la datte desdites Présentes. Faisons défenses à tous Libraires, Imprimeurs & autres personnes, de quelque qualité & condition qu'elles soient, d'en introduire d'impression étrangere dans aucun lieu de notre obeïssance; à la charge que ces Présentes seront enregistrées tout au long sur le Registre de la Communauté des Libraires & Imprimeurs de Paris dans trois mois de la datte d'icelle; que l'impression de ce Livre sera faite dans notre Royaume & non ailleurs; & que l'Impétrant se conformera en tout aux Réglemens de la Librairie, & notamment à celui du dix Avril 1725; & qu'avant que de l'exposer en vente, le Manuscrit ou Imprimé qui aura servi de copie à l'impression dudit Livre, sera remis dans le même état où l'Approbation y aura été donnée, ès mains de notre très-cher & féal Chevalier le Sieur Daguesseau, Chancelier de France, Commandeur de nos Ordres; & qu'il en sera ensuite remis deux Exemplaires dans notre Bibliotheque Publique, un dans celle de notre Château du Louvre, & un dans celle de notre très-cher & féal Chevalier le Sieur Daguesseau, Chancelier de France, Commandeur de nos Ordres; le tout à peine de nullité des Présentes: Du contenu desquelles vous mandons & enjoignons de faire jouir l'Exposant ou ses ayans cause, pleinement & paisiblement, sans souffrir qu'il leur soit fait aucun trouble ou empêchement. Voulons qu'à la Copie desdites Présentes, qui sera imprimée tout au long au commencement ou à la fin dudit Livre, foi soit ajoutée comme à l'Original. Commandons au premier notre Huissier ou Sergent, de faire pour l'exécution d'icelles, tous actes requis & nécessaires, sans demander autre permission, & nonobstant Clameur de Haro, Chartre Normande, & Lettres à ce contraires: CAR tel est notre plaisir. Donné à Paris le trentiéme jour de Mars, l'an de grace mil sept cent quarante-un, & de notre Regne le vingt-sixiéme. Par le Roi en son Conseil.

Signé, SAINSON.

Registré sur le Registre X. de la Chambre Royale & Syndicale des Libraires & Imprimeurs de Paris, N°. 478. Fol. 478, conformément au Réglement de 1723, qui fait défense, Art. IV. à toutes personnes, de quelque qualité qu'elles soient, autres que les Libraires & Imprimeurs, de vendre, débiter & faire afficher aucuns Livres pour les vendre en leurs noms, soit qu'ils s'en disent les Auteurs ou autrement; & à la charge de fournir à ladite Chambre Royale & Syndicale des Libraires & Imprimeurs de Paris, huit Exemplaires prescrits par l'Art. 108. du même Réglement. A Paris, le premier Avril 1741.

SAUGRAIN, *Syndic.*

Imprimé par C. F. SIMON, *Fils*, 1741

www.ingramcontent.com/pod-product-compliance
Lightning Source LLC
LaVergne TN
LVHW050516160826
845677LV00003B/1167